Babybrei

Rezepte für den Thermomix TM 31

Vorwort

In diesem Heft finden Sie tolle und vielfältige Rezepte für Babys Bei-
kostzeit um Ihrem kleinen Schatz frische selbstgemachte Breie mit dem
Thermomix zu kochen.

Nichts macht mehr Spaß, als selber für das eigene Baby zu kochen und
vor allem genau zu wissen, welche Zutaten verwendet worden sind.
Dank dem Thermomix ist dies ohne großen Aufwand und sehr schonend
möglich.

Sie finden hier die Grundrezepte für Mittags, Nachmittags
und Abends ebenso wie auch Spaghetti Bolognese
oder eine leckere Beerenpolenta. Alle Rezepte sind
mit dem Thermomix getestet und von unserer
kleinen Testesserin erprobt.

Liebe Eltern und Großeltern,

dieses Buch enthält verschiedene Babybrei-Rezepte für den Thermomix. Wir haben diese Rezepte als Eltern bereits mit dem Thermomix gekocht, weil auch wir uns – wie auch Sie als Eltern und Großeltern - vor Einführung der Beikost damit beschäftigt haben, wann welche Lebensmittel für Ihr Kind oder Enkelkind empfehlenswert sind.

Da wir keine Ernährungsexperten sind, haben wir hier bewusst keine Angaben gemacht, ab welchem Alter die Rezepte gefüttert werden sollen.

Alle Rezepte in diesem Buch haben wir dem Alter entsprechend gekocht und gefüttert. Unsere kleine Testesserin hat natürlich ihre Vorlieben, so wie bestimmt auch Ihr Kind oder Enkelkind, daher ist dieses Buch bewusst sehr vielfältig gestaltet.

Viele unserer Breie sind im Mixtopf gekocht, weil es sich in der Praxis herausgestellt hat, dass die Zubereitung der Beikost bei bestimmten Lebensmitteln so noch leckerer ist, als in dem Garkörbchen.

Sie können bei unseren Thermomix Rezepten natürlich das Obst und Gemüse ganz nach Belieben und nach Jahreszeit variieren.

Teilweise haben wir bewusst tiefgekühltes oder konserviertes Obst und Gemüse verwendet, da es nicht immer möglich ist frische Ware zu bekommen. Selbstverständlich können Sie diese Zutaten durch frisches Obst und Gemüse ersetzen.

Inhaltsverzeichnis

Mittagsbrei

Grundrezepte – Mittagsbrei 6

Blumenkohl-Kartoffel-Brei 8

Gurken-Kartoffel-Brei mit Pute 11

Tomatenbrei 12

Graupenbrei mit Lamm 15

Gemüsesuppe 16

Brokkolibrei mit Lachs 19

Gemüseallerlei 20

Zucchini-Tomaten-Brei mit Nudeln 23

Erbsenbrei mit Süßkartoffeln 24

Kohlrabi-Möhren-Brei mit Nudeln 27

Ratatouille 28

Zucchini-Reis-Brei 30

Spinat-Kartoffel-Brei 31

Spaghetti Bolognese 32

Couscousbrei 35

Tomatenpolenta 36

Gulasch 39

Spätzle in Gemüse 40

Nachmittagsbrei

Grundrezept – Nachmittagsbrei 42
Schneller Zwiebackbrei mit Pflaume 43
Grießbrei mit Erdbeeren 45
Getreide-Mandel-Brei mit Birne 46
4-Korn-Brei mit Avocado 47
Beeren Polenta 48
Reisbrei mit Trauben 50
Babykeksbrei mit Apfel 51

Abendbrei

Grundrezept – Abendbrei 52
Erbeerpolenta 53
Grießbrei mit Nektarine 54
Hirsemilchbrei mit Blaubeeren 55
Korn-Milchbrei mit Banane und Mango 56
Schneller Milchbrei mit Babykeks 57

Grundrezepte – Mittagsbrei

Gemüsebrei

Zutaten für ca. 4–5 Portionen

600 g   Gemüse, z.B. Möhren, Kürbis oder Pastinake
400 g   Wasser
100 g   Fruchtsaft
8–10 g   Butter oder Öl pro Portion

Zubereitung

- Gemüse in Stücken in den Mixtopf geben, **3–5 Sek. / Stufe 5** zerkleinern und in das Garkörbchen umfüllen. Die Zeit ist abhängig vom Gemüse.
- Wasser in den Mixtopf einwiegen, das Körbchen einhängen und **15 Min. / Varoma / Stufe 2** garen.
- Körbchen aushängen und das Garwasser umfüllen.
- Gemüse, Saft und ca. 200 g Garwasser in den Mixtopf geben, **30 Sek. / Stufe 8** fein pürieren.
- Den Brei in Portionen einfrieren und vor dem Füttern Butter oder Öl hinzufügen.

Tipp:

Für die Einführung der Beikost können sie den Brei in Eiswürfelbehältern einfrieren, so haben sie anfangs immer kleine Mengen parat.

Gemüse-Kartoffel-Brei

Zutaten für ca. 4–5 Portionen

400 g   Gemüse, in Stücken
200 g   Kartoffeln, in Stücken
400 g   Wasser
100 g   Fruchtsaft
8–10 g   Butter oder Öl pro Portion

Zubereitung

- Gemüse und Kartoffeln in Stücken in den Mixtopf geben, **4–5 Sek. / Stufe 5** zerkleinern und in das Garkörbchen umfüllen. Die Zeit ist abhängig vom Gemüse.
- Wasser in den Mixtopf einwiegen, Körbchen einhängen und **15 Min. / Varoma / Stufe 2** garen.
- Körbchen aushängen und das Garwasser umfüllen.
- Gemüse, Saft und ca. 200 g Garwasser in den Mixtopf geben, **30 Sek. / Stufe 8** fein pürieren.
- Den Brei in Portionen einfrieren und vor dem Füttern Butter oder Öl hinzufügen.

Gemüse-Kartoffel-Fleisch-Brei

Zutaten für ca. 4–5 Portionen

330 g   Gemüse, in Stücken
160 g   Kartoffeln
120 g   Fleisch, z.B. Rind, Lamm usw.
400 g   Wasser
100 g   Fruchtsaft
8–10 g   Butter oder Öl pro Portion

Zubereitung

- Gemüse, Kartoffeln und das Fleisch in Stücken in den Mixtopf geben, **5 Sek. / Stufe 5** zerkleinern und ins Garkörbchen umfüllen. Die Zeit ist abhängig vom Gemüse.
- Wasser in den Mixtopf einwiegen, Körbchen einhängen und **15 Min. / Varoma / Stufe 2** garen.
- Körbchen aushängen und das Garwasser umfüllen.
- Gemüse, Saft und ca. 200 g Garwasser in den Mixtopf geben und **30 Sek. / Stufe 8** fein pürieren.
- Den Brei in Portionen einfrieren und vor dem Füttern Butter oder Öl hinzufügen.

Blumenkohl-Kartoffel-Brei

Zutaten für ca. 5 Portionen

150 g	Möhren, in Stücken
200 g	Kartoffeln, in Stücken
35 g	Haferflocken, z.B. 4-Korn-Flocken
100 g	Nektarine o. Pfirsich, in Stücken
200 g	Blumenkohl, in Röschen
350 g	Wasser
8–10 g	Butter oder Öl pro Portion

Zubereitung

- Das Gemüse putzen und wenn nötig schälen.
- Kartoffeln und Möhren in den Mixtopf geben, **3 Sek. / Stufe 5** zerkleinern.
- Haferflocken, Nektarine, Blumenkohl und Wasser hinzugeben, **12 Min. / 100°C / Stufe 2** kochen (Garkörbchen als Spritzschutz verwenden).
- Den Gemüsebrei **30 Sek. / Stufe 8** fein pürieren.

- Wenn Sie den Brei gerne stückiger haben möchten dann nur **10 Sek. / Stufe 6** pürieren.
- Je nach gewünschter Konsistenz evtl. noch etwas Wasser dazugeben.

- In Portionen einfrieren und vor dem Füttern pro Portion ca. 8–10 g Butter oder Öl zufügen.

Gurken-Kartoffel-Brei mit Pute

Zutaten für ca. 5 Portionen

500 g	Salatgurke
300 g	Kartoffeln
100 g	Putenbrustfilet
1	reife Birne
500 g	dünner Pfefferminztee

pro Portion ca. 8–10 g Öl oder Butter

Zubereitung

- 500 g Pfefferminztee kochen.
- Die Gurke waschen, schälen, Kerne entfernen und in Stücke schneiden. Kartoffeln schälen, vierteln und mit den Fleischstücken und der Gurke im Mixtopf **3 Sek. / Stufe 5** zerkleinern.
- In das Garkörbchen umfüllen.
- 500 g Pfefferminztee einfüllen und Gareinsatz einhängen, **15 Min. / Varoma / Stufe 1** garen.
- Die Birne schälen, entkernen und vierteln.
- Nach Ende der Garzeit den Gareinsatz herausnehmen und die Garflüssigkeit auffangen.
- Den Gurkenmix zusammen mit der Birne je nach gewünschter Konsistenz mit ca. 70–100 g Garflüssigkeit im Mixtopf **30 Sek. / Stufe 10** pürieren.

- Wenn Sie den Brei gerne stückiger haben möchten dann nur **10 Sek. / Stufe 6** pürieren.
- Je nach gewünschter Konsistenz evtl. noch etwas Wasser dazugeben.

- In Portionen einfrieren und vor dem Füttern ca. 8–10 g Butter oder Öl hinzufügen.

Tomatenbrei

Zutaten für ca. 4 Portionen

50 g	Sellerie
25 g	Möhren
1 Tl	Öl
500 g	Tomaten, stückig (FP)
350 g	Wasser
50 g	Fruchtsaft, z.B. Apfel
100 g	Reis
1 El	Kräuter (TK)
8–10 g	Butter oder Öl pro Portion

Zubereitung

- Sellerie und Möhren im Mixtopf **5 Sek.**/**Stufe 5** zerkleinern.
- Öl hinzufügen und **3 Min.**/**Varoma**/**Stufe 1** dünsten.
- Tomaten, Wasser und Saft hinzugeben, **5 Min.**/**100°C**/**Stufe 1** kochen.
- Reis über den Deckel dazugeben und **18 Min.**/**100°C**/↺/**Stufe 1** weiter kochen.
- Nach dem Ende der Garzeit den Brei **15 Sek.**/**Stufe 7** fein pürieren.

- Wenn Sie den Brei gerne stückiger haben möchten dann nur **5 Sek.**/**Stufe 4–5** pürieren.
- Je nach gewünschter Konsistenz evtl. noch etwas Wasser dazugeben.

- In Portionen einfrieren und vor dem Füttern Butter oder Öl hinzufügen.

Graupenbrei mit Lamm

Zutaten für ca. 4–5 Portionen

250 g	Möhren, geschält in Stücken
120 g	Lamm, in Stücken
2 El	Rapsöl
100 g	Perlgraupen
200 g	Orangensaft
400 g	Wasser

Pro Portion ca. 8–10 g Butter oder Öl

Zubereitung

- Möhren und Lamm im Mixtopf **5 Sek. / Stufe 5** zerkleinern.
- Rapsöl dazugeben und **2½ Min. / Varoma / Stufe 1** dünsten.
- Graupen hinzugeben und **3 Min. / Varoma / Stufe 1** mit dem Gemüse dünsten.
- Wasser und Orangensaft einfüllen, **30 Min. / 100°C / ⟳** kochen.
- Den Graupenbrei **30 Sek. / Stufe 8** pürieren.

- Wenn Sie den Brei gerne stückiger haben möchten dann nur **10 Sek. / Stufe 6** pürieren.
- Je nach gewünschter Konsistenz evtl. noch etwas Wasser dazugeben.

- In Portionen einfrieren und vor dem Füttern pro Portion ca. 8–10 g Butter oder Öl.

Gemüsesuppe

Zutaten für 4–5 Portionen

100 g	Kartoffeln, geschält in Stücken
40 g	Sellerie
30 g	Lauch
100 g	Zucchini, in Stücken
45 g	rote Paprika
25 g	Fenchel
100 g	Möhren, in Stücken
90 g	Äpfel, in Stücken
500 g	Wasser
100 g	Fruchtsaft, z.B. Orange
2 St.	Petersillie
8–10 g	Butter oder Öl pro Portion

Zubereitung

- Gemüse und Obst in den Mixtopf geben und **3 Sek. / Stufe 5** zerkleinern.
- Den Mixtopfinhalt in das Garkörbchen umfüllen.
- Wasser in den Mixtopf einwiegen, das Körbchen einhängen und **15 Min. / Varoma / Stufe 1** kochen.
- Garkörbchen herausnehmen und das Garwasser umfüllen.
- Die Gemüsemischung, 350 g Garwasser, Saft und Petersillie in den Mixtopf geben, **30 Sek. / Stufe 10** pürieren.
- Je nach gewünschter Konsistenz evtl. noch etwas Wasser dazugeben.

- In Portionen einfrieren und vor dem Füttern Butter oder Öl zufügen.

Tipp:

Je nach Alter des Kindes evtl. mit etwas Sahne verfeinern.

Brokkolibrei mit Lachs

Zutaten für ca. 4–5 Portionen

300 g   Kartoffeln, geschält und geviertelt
250 g   Brokkoli in Röschen
120 g   Lachsfilet (oder z.B. Seelachsfilet) in Würfeln
300 g   Wasser

pro Portion ca. 8–10 g Butter oder Öl

Zubereitung

- Kartoffeln und Brokkoli im Mixtopf **5 Sek. / Stufe 3** zerkleinern und in den Gareinsatz umfüllen.
- Wasser einwiegen und den Gareinsatz einhängen.
- Lachswürfel auf die Kartoffelmischung legen und **15 Min. / Varoma / Stufe 1** garen.
- Den Inhalt des Garkörbchens in den Mixtopf zur Flüssigkeit hinzugeben und **30 Sek. / Stufe 8** fein pürieren.

- Wenn Sie den Brei gerne stückiger haben möchten nur **10 Sek. / Stufe 6** pürieren.
- Je nach gewünschter Konsistenz evtl. noch etwas Wasser dazugeben.

- In Portionen einfrieren und vor dem Füttern ca. 8–10 g Butter oder Öl zufügen.

Gemüseallerlei

Zutaten für ca. 3–4 Portionen

10 g	Petersilienwurzel
100 g	Paprika, in Stücken
100 g	Blumenkohl, in Röschen
25 g	Maiskörner
50 g	Aubergine, in Stücken
100 g	Möhren, in Stücken
100 g	Zucchini, in Stücken
100 g	Kohlrabi, in Stücken
350 g	Wasser
100 g	Fruchtsaft, z.B. Orange
8–10 g	Butter oder Öl pro Portion

Zubereitung

- Das Gemüse in den Mixtopf geben und **5 Sek. / Stufe 5** zerkleinern.
- Den Inhalt in das Garkörbchen umfüllen.
- Wasser in den Mixtopf einwiegen.
- Das Garkörbchen einhängen und **15 Min. / Varoma / Stufe 2** garen.
- Garkörbchen aushängen und die Flüssigkeit umfüllen.
- Die Gemüsemischung, Saft und ca. 200 g Wasser in den Mixtopf geben, **30 Sek. / Stufe 8** fein pürieren.

- Wenn Sie den Brei gerne stückiger haben möchten dann nur **10 Sek. / Stufe 6** pürieren.
- Je nach gewünschter Konsistenz evtl. noch etwas Wasser dazugeben.

- In Portionen einfrieren und vor dem Füttern ca. 8–10 g Butter oder Öl hinzufügen.

Tipp:

Sie können natürlich die Gemüsesorten nach Belieben variieren.

Zucchini-Tomaten-Brei mit Nudeln

Zutaten für ca. 4–5 Portionen

300 g	Zucchini, in Stücken
80 g	Birne, geschält in Stücken
200 g	Tomaten, stückig (FP)
80 g	Nudeln, z.B. Spiralen
250 g	Wasser

pro Portion ca. 8–10 g Butter oder Öl

Zubereitung

- Zucchini und Birne in den Mixtopf geben, **3 Sek. / Stufe 4** zerkleinern und in das Garkörbchen umfüllen.
- Stückige Tomaten, Nudeln und Wasser in den Mixtopf einfüllen.
- Das Garkörbchen einhängen, **13 Min. / Varoma / ⬨** garen.
- Garkörbchen aushängen und das Gemüse in den Mixtopf zu den Nudeln geben, **30 Sek. / Stufe 8** fein pürieren.

- Für eine etwas stückigere Variante nur **10 Sek. / Stufe 6** pürieren.
- Je nach gewünschter Konsistenz evtl. noch etwas Wasser dazugeben.

- In Portionen einfrieren und vor dem Füttern ca. 8–10 g Butter oder Öl zugeben

Tipp:

Sie können den Brei mit frischen Kräutern noch etwas verfeinern.

Erbsenbrei mit Süßkartoffeln

Zutaten für ca. 5 Portionen

250 g	Süßkartoffeln, geschält in Stücken
350 g	Erbsen (TK)
50 g	Haferflocken
350 g	Wasser
75 g	Aprikosensaft
35 g	Salatgurke, geschält in Stücken
8–10 g	Butter oder Öl pro Portion

Zubereitung

- Süßkartoffeln in den Mixtopf geben und **3 Sek. / Stufe 5** zerkleinern.
- Wasser hinzufügen und **6 Min. / 100°C / Stufe 2** kochen.
- Erbsen und Haferflocken hinzugeben, **10 Min. / 100°C / Stufe 2** weiter kochen.
- Saft und Gurke dazugeben, **30 Sek. / Stufe 8** fein pürieren.

- Wenn Sie den Brei gerne stückiger haben möchten dann nur
  ca. 5 Sek. / Stufe 6 pürieren.
- Je nach gewünschter Konsistenz evtl. noch etwas Wasser dazugeben.

- In Portionen einfrieren und vor dem Füttern ca. 8–10 g Butter oder Öl hinzufügen.

Kohlrabi-Möhren-Brei mit Nudeln

Zutaten für ca. 4–5 Portionen

100 g	Hähnchen
250 g	Kohlrabi
250 g	Möhren
80 g	Nudeln
1 Tl	Butter
300 g	Fenchel-Anis-Kümmeltee, zubereitet

pro Portion ca. 8–10 g Butter oder Öl

Zubereitung

- Alle Zutaten, bis auf den Tee, in den Mixtopf geben und **3 Sek. / Stufe 5** zerkleinern.
- Die Gemüsemischung **5 Min. / 100°C / Stufe 1** dünsten.
- Den Tee dazugießen und **10 Min. / 100°C / Stufe 1** garen.
- Nach dem Ende der Garzeit **30 Sek. / Stufe 8** fein pürieren.

- Für eine etwas stückigere Variante nur **5–7 Sek. / Stufe 6** pürieren.
- Je nach gewünschter Konsistenz evtl. noch etwas Wasser dazugeben.

- In Portionen einfrieren und vor dem Füttern ca. 8–10 g Butter oder Öl hinzugeben.

Ratatouille

Zutaten für ca. 3 Portionen

20 g	Zwiebeln
150 g	Zucchini in Stücken
200 g	rote Paprika
90 g	Aubergine, in Stücken
300 g	Tomaten, stückig (FP)
8–10 g	Butter oder Öl pro Portion

evtl. Kräuter nach Geschmack

Zubereitung

- Zwiebeln, Zucchini, Paprika und Aubergine im Mixtopf **4 Sek. / Stufe 5** zerkleinern.
- Tomaten hinzugeben und **12 Min. /100°C /Stufe 2** kochen.
- Das Ratatouille **30 Sek. /Stufe 8** fein pürieren.

- Wenn Sie den Brei gerne stückiger haben möchten nur **5 Sek. /Stufe 6** pürieren.
- Je nach gewünschter Konsistenz evtl. noch etwas Wasser oder Saft dazugeben.

- In Portionen einfrieren und vor dem Füttern ca. 8–10 g Butter oder Öl hinzufügen.

Tipp:

Sie können auch frische Tomaten verwenden. Achten sie bitte darauf, dass diese reif und aromatisch sind.

Zucchini-Reis-Brei

Zutaten für ca. 5 Portionen

200 g	Zucchini
150 g	Kohlrabi, geschält
100 g	Reis
1000 g	Wasser
50 g	Saft
35 g	Hirseflocken

pro Portion ca. 8–10 g Butter oder Öl

Zubereitung

- Zucchini und Kolrabi in ca. 2–3 cm große Stücke schneiden und im Varoma verteilen.
- Das Garkörbchen einhängen.
- Reis in das Garkörbchen einwiegen (am besten einmal unter fließend Wasser halten).
- Wasser einwiegen.
- Varoma aufsetzen und **35 Min. / Varoma / Stufe 2** garen.
- Varoma abnehmen und den Reis **5 Min. / Varoma / Stufe 2** fertig garen.
- Garkörbchen herausnehmen, zur Seite stellen und das Garwasser umfüllen.
- Saft, Hirseflocken und 300 g Garwasser in den Mixtopf geben, **4 Min. /100°C / Stufe 2** kochen.
- Reis und Gemüse hinzugeben **30 Sek. / Stufe 8** fein pürieren.

- Wenn Sie den Brei gerne stückiger haben möchten dann nur **10 Sek. / Stufe 6** pürieren.
- Je nach gewünschter Konsistenz evtl. noch etwas Wasser dazugeben.

- In Portionen einfrieren und vor dem Füttern ca. 8–10 g Butter oder Öl zufügen.

Spinat-Kartoffel-Brei

Zutaten für ca. 4 Portinonen

250 g	Blattspinat (TK), angetaut oder frischer Blattspinat
200 g	Kartoffeln, in Stücken
2 St.	Petersilie
100 g	Äpfel, in Stücken
300 g	Wasser
30 g	Hirse
8–10 g	Butter oder Öl pro Portion

Zubereitung

- Spinat, Kartoffeln, Petersilie und die Apfelstücke in den Mixtopf geben und **6 Sek. / Stufe 5** zerkleinern.
- Wasser und Hirse hinzugeben, **11:30 Min. / 100°C / Stufe 2** kochen.
- Den Brei **30 Sek. / Stufe 8** fein pürieren.

- Je nach gewünschter Konsistenz evtl. noch etwas Wasser dazugeben.

- In Portionen einfrieren und vor dem Füttern ca. 8–10 g Butter oder Öl zufügen.

Tipp:

Sie können zu dem Gemüse auch 120 g Fleisch hinzugeben und mitgaren.

Spaghetti Bolognese

Zutaten für ca. 5 Portionen

25 g	Lauch
40 g	Sellerie
130 g	Möhren
450 g	Tomaten, stückig
150 g	Wasser
60 g	Gabelspaghetti
10 Bl.	frisches Basilikum
120 g	Hackfleisch, Beefsteack
8–10 g	Butter oder Öl pro Portion

Zubereitung

- Das Gemüse in den Mixtopf geben und **5 Sek. / Stufe 5** zerkleinern.
- Tomaten und Wasser hinzugeben, **8 Min. / 100°C / Stufe 2** kochen (Garkörbchen als Spritzschutz verwenden).
- Währenddessen die Gabelspaghetti nach Packungsangabe kochen. Falls diese zu groß sind, vor dem Kochen im trockenen Zustand etwas zerbrechen.
- Basilikum zu der Soße geben und **30 Sek. / Stufe 8** pürieren.
- Das Hackfleisch in Stücken zugeben und **3 Min. / 100°C / Stufe 2** kochen.
- Die Gabelspaghetti hinzufügen und **10 Sek. / ⟳ / Stufe 3** unterrühren.

- Damit der Brei feiner wird, nochmals **30 Sek. / Stufe 8** pürieren.

- In Portionen einfrieren und vor dem Füttern ca. 8–10 g Butter oder Öl zufügen.

Couscousbrei

Zutaten für ca. 4–5 Portionen

350 g	Zucchini, in Stücken
150 g	Blumenkohl, in Röschen
80 g	Couscous
250 g	Möhrensaft
30 g	Sesampaste (Tahina)
200 g	Wasser

Pro Portion ca. 8–10 g Butter oder Öl

Zubereitung

- Zucchini und Blumenkohl im Mixtopf **2 Sek. / Stufe 5** zerkleinern.
- Wasser einwiegen und **10 Min. / 100°C / Stufe 1** garen.
- Währenddessen den Couscous mit dem Möhrensaft in einer Schüssel quellen lassen.
- Nach der Garzeit die Couscous-Saft-Mischung und die Sesampaste in den Mixtopf geben, **3 Sek. / Stufe 3** vermischen.
- Den Couscousbrei noch einmal kurz kochen lassen, **3 Min. / 100°C / Stufe 3**.
- Den Brei **30 Sek. / Stufe 8** fein pürieren.

- Wenn Sie den Brei gerne stückiger haben möchten dann nur **10 Sek. / Stufe 6** pürieren.
- Je nach gewünschter Konsistenz evtl. noch etwas Wasser dazugeben.

- In Portionen einfrieren und vor dem Füttern ca. 8–10 g Butter oder Öl hinzufügen.

Tomatenpolenta

Zutaten für ca. 4 Portionen

200 g	Cherrytomaten
100 g	Äpfel
100 g	Polenta
550 g	Wasser
1–2 Tl	gemischte Kräuter, gehackt

pro Portion ca. 8–10 g Butter oder Öl

Zubereitung

- Die Äpfel entkernen und in Stücke schneiden, die Tomaten halbieren.
- Tomaten und Äpfel in den Mixtopf geben, **3 Sek. / Stufe 4** zerkleinern.
- Polenta und Wasser hinzufügen, **10 Min. / 100°C / Stufe 1** kochen. Das Garkörbchen bitte als Spritzschutz verwenden.
- Anschließend **5 Min. / 90°C / Stufe 1** fertig garen.
- Nach dem Ende der Garzeit **30 Sek. / Stufe 8** fein pürieren.

- Für eine etwas stückigere Variante nur kurz oder gar nicht pürieren.
- Je nach gewünschter Konsistenz evtl. noch etwas Wasser dazugeben.

- In Portionen einfrieren und vor dem Füttern ca. 8–10 g Butter oder Öl zugeben

Tipp:

Man kann auch etwas geriebenen Käse unter die Polenta rühren.

Gulasch

Zutaten für ca. 4–5 Portionen

50 g	Zwiebeln
150 g	Kartoffeln, in Stücken
150 g	Möhren, in Stücken
120 g	Rindfleisch (z.B. Hüfte), in Stücken
250 g	Tomaten, stückig (FP)
100 g	Apfelsaft
8–10 g	Butter oder Öl pro Portion
80 g	Sahne wenn gewünscht

Zubereitung

- Zwiebeln, Kartoffeln, Möhren und Fleisch in den Mixtopf geben und **12 Sek. / Stufe 5** zerkleinern.
- Tomaten und Saft dazugeben, **13 Min. / 100°C / Stufe 2** kochen (Garkörbchen als Spritzschutz verwenden).
- Wenn gewünscht Sahne hinzufügen und **1 Min. / 100°C / Stufe 2** aufkochen.
- Das Gulasch **30 Sek. / Stufe 8** fein pürieren.

- Wenn Sie den Brei gerne stückiger haben möchten dann nur **5–8 Sek. / Stufe 6** pürieren.
- Je nach gewünschter Konsistenz evtl. noch etwas Wasser dazugeben.

- In Portionen einfrieren und vor dem Füttern ca. 8–10 g Butter oder Öl zufügen.

Spätzle in Gemüse

Zutaten für ca. 4 Portionen

40 g	Petersilienwurzeln
20 g	Schalotten
110 g	Möhren
110 g	Zucchini
80 g	Erbsen (TK)
400 g	Wasser
250 g	Spätzle
8–10 g	Butter oder Öl pro Portion

Zubereitung

- Petersilienwurzeln, Schalotten, Möhren und Zucchini in den Mixtopf geben, **3 Sek. / Stufe 5** zerkleinern.
- Erbsen und Wasser dazugeben, **10 Min. / 100°C / Stufe 2** kochen.
- Spätzle zum Gemüse hinzugeben und **3 Min. / 100°C / Stufe 2** weiter kochen.
- Den Brei **30 Sek. / Stufe 8** fein pürieren.

- Wenn sie den Brei gerne stückiger haben möchten nur **5 Sek. / Stufe 6** pürieren.
- Je nach gewünschter Konsistenz evtl. noch etwas Wasser hinzugeben.

- In Portionen einfrieren und vor dem Füttern ca. 8–10 g Butter oder Öl zufügen.

Grundrezept – Nachmittagsbrei

Zutaten für ca. 4–5 Portionen

100 g	Wasser
20 g	Getreideflocken z.B. Grieß, Hirseflocken usw.
80–100 g	Früchte (z.B. Birne, Apfel, Erdbeeren usw.), in Stücken
5 g	Butter oder Öl

Zubereitung

- Wasser, Getreide und Früchte in den Mixtopf geben, **8 Min. /100°C /Stufe 3** kochen.
- Butter oder Öl hinzugeben und **15 Sek. /Stufe 2** unterrühren.
- Falls Sie fertiges Fruchtmus verwenden, geben Sie dieses zusammen mit der Butter oder dem Öl dazu.
- Je nach Alter des Kindes können sie die Früchte auch klein geschnitten oder zerdrückt vor dem Servieren hinzugeben.

Schneller Zwiebackbrei mit Pflaume

Zutaten für 1 Portion

25 g	Zwieback, in Stücken
50 g	Pflaumen, geschält
50 g	Birne
100 g	Wasser
5 g	Butter oder Öl

Zubereitung

- Zwieback, Pflaumen und Birne in den Mixtopf geben und **3 Sek. / Stufe 5** zerkleinern.
- Wasser dazugeben und **3 Min. / 100°C / Stufe 2** erhitzen.
- Butter oder Öl hinzugeben und **10 Sek. / Stufe 4** unterrühren.

- Je nach Alter des Kindes können Sie das Obst auch klein geschnitten vor dem Servieren in den Brei rühren.

Grießbrei mit Erdbeeren

Zutaten für 1 Portion

100 g	Wasser
20 g	Grieß, z.B. Dinkelgrieß
60 g	Erdbeeren, geviertelt
20 g	Birne, in Stücken
5 g	Butter oder Öl

Zubereitung

- Wasser, Grieß und Früchte in den Mixtopf geben, **8 Min./100°C/Stufe 3** kochen.
- Butter oder Öl hinzufügen und **10 Sek./Stufe 2** unterrühren.

- Je nach Alter und Vorliebe Ihres Kindes können Sie die Birne gerieben und die Erdbeeren klein gewürfelt vor dem Servieren unterrühren.

Tipp:

Sie können die Früchte beliebig tauschen und je nach Jahreszeit und Vorliebe Ihres Kindes variieren.

Getreide-Mandel-Brei mit Birne

Zutaten für 1 Portion

100 g	Wasser
20 g	Getreideflocken (z.B. Hirse- oder Reisflocken)
5 g	Mandeln, geschält und gemahlen
100 g	Birnen, gewaschen und entkernt, in Stücken
5 g	Butter oder Öl

Zubereitung

- Wasser, Getreide und Mandeln in den Mixtopf füllen und
  5 Min./Varoma/Stufe 2 kochen.
- Birne und Butter dazugeben, **15 Sek./Stufe 8** pürieren.

4-Korn-Brei mit Avocado

Zutaten für 1 Portion

20 g	4-Korn-Flocken
120 g	Wasser
60 g	Saft, z.B. Orangensaft
5 g	Butter oder Öl
1	reife Avocado

Zubereitung

- Flocken, Wasser und Saft in den Mixtopf geben, **6:30 Min. /Varoma /Stufe 2** kochen.
- Die Avocado vom Stein lösen und das Fruchtfleisch mit einem Löffel herausnehmen.
- Das Fruchtfleisch und Butter in den Mixtopf hinzufügen, **10 Sek. /Stufe 6** pürieren.

- Sie können je nach Vorliebe und Alter des Kindes die Avocado auch mit einer Gabel zerdrückt unter den Brei mischen.

Beeren Polenta

Zutaten für 1 Portion

20 g	Polenta (Maisgrieß)
100 g	Wasser
40 g	Erdbeeren
30 g	Blaubeeren
30 g	Himbeeren
5 g	Butter oder Öl

Zubereitung

- Polenta und Wasser einwiegen, **5 Min. /** quellen lassen.
- Anschließend **3 Min. /100°C /Stufe 2** kochen.
- Die Beeren waschen und putzen, die Erdbeeren vierteln.
- Beeren zur Polenta hinzufügen und **3 Min. /80°C /Stufe 3** weiter kochen.
- Butter oder Öl dazugeben und **10 Sek. /Stufe 2** unterrühren.
- Nach Wunsch auf Sicht noch etwas pürieren.

- Je nach Alter und Vorliebe Ihres Kindes können Sie die Beeren auch klein geschnitten oder mit einer Gabel zerdrückt vor dem Servieren unter den Brei rühren.

- Bitte verwenden Sie ausschließlich süße, reife Früchte.

Reisbrei mit Trauben

Zutaten für 1 Portion

100 g	Weintrauben, hell und kernlos
15 g	Reisflocken
100 g	Wasser
5 g	Butter oder Öl

Zubereitung

- Die Weintrauben waschen.
- Alle Zutaten in den Mixtopf geben und **6 Min. / Varoma / Stufe 2** kochen.
- Butter oder Öl hinzufügen.
- Den Brei **10 Sek. / Stufe 6** pürieren.

- Je nach Alter und Vorliebe des Kindes können Sie die Weintrauben auch in kleine Stücke geschnitten vor dem Füttern unter den Brei rühren.

Babykeksbrei mit Apfel

Zutaten für 1 Portion

60 g   Apfel, in Stücken
20 g   Babykekse (ohne Zucker)
120 g   Wasser
40 g   Banane
5 g   Butter oder Öl

Zubereitung

- Apfel und Kekse in den Mixtopf geben, **3 Sek. / Stufe 5** zerkleinern und mit dem Spatel runterschieben.
- Wasser hinzufügen und **3 Min. / 100°C / Stufe 2** erhitzen.
- Banane und Butter oder Öl dazugeben, **10 Sek. / Stufe 5** pürieren.
- Für eine sehr fein pürierte Variante **10 Sek. / Stufe 8** zerkleinern.

Grundrezept – Abendbrei

Zutaten für 1 Portion

200 g   Milch
20 g   Getreideflocken, z.B. Grieß, Hirseflocken usw.
20 g   Obstmus oder frische Früchte

Zubereitung

- Milch und Getreide in den Mixtopf geben und **8 Min. / 90°C / Stufe 2** kochen.
- Bei frischen Früchten diese in kleinen Stücken mit dem Getreide hinzugeben.
- Obstmus dazugeben und **10 Sek. / Stufe 2** unterrühren.
- Je nach Alter des Kindes können Sie die Menge der Früchte variieren und klein-geschnitten oder zerdrückt vor dem Servieren dazugeben.

Tipp:

Sie können anstatt Getreideflocken auch ganzes Getreide nehmen, dieses dann vorher ca. 20 Sek. / Stufe 10 mahlen.

Erbeerpolenta

Zutaten für 1 Portion

200 g   Milch
20 g   Polenta (Maisgrieß)
50 g   Erdbeeren in Stücken

Zubereitung

- Rühraufsatz einsetzen.
- Milch und Polenta einwiegen und **5 Min.** / quellen lassen.
- Erdbeeren dazugeben und **8 Min. / 90°C / Stufe 3** kochen.

- Für die stückige Variante die Erdbeeren klein schneiden und erst vor dem Servieren in den Brei streuen.

Grießbrei mit Nektarine

Zutaten für 1 Portion

50 g	Nektarinen
200 g	Milch
20 g	Vollkorn- oder Dinkelgrieß

Zubereitung

- Die Nektarine schälen und in grobe Stücke schneiden.
- Rühraufsatz einsetzen.
- Alle Zutaten in den Mixtopf geben und **8 Min. /90°C /Stufe 3** kochen.

- Wenn Sie Ihrem Baby den Brei gerne mit Stücken füttern möchten, die Nektarine in kleine Würfel schneiden und vor dem Servieren in den Brei geben.

Hirsemilchbrei mit Blaubeeren

Zutaten für 1 Portion

200 g   Milch
20 g   Hirseflocken
50 g   Blaubeeren

Tipp:

Sie können die Früchte beliebig tauschen und je nach Jahreszeit und Vorliebe Ihres Kindes variieren.

Zubereitung

- Alle Zutaten in den Mixtopf geben und **8 Min. / 90°C / Stufe 2** kochen.

- Je nach Alter Ihres Kindes können Sie die Blaubeeren auch mit einer Gabel zerdrücken und erst kurz vor dem Servieren dazugeben.

Korn-Milchbrei mit Banane und Mango

Zutaten für 1 Portion

200 g	Milch
20 g	4-Korn-Flocken
20 g	Mango
50 g	Banane

Zubereitung

- Milch, Flocken und Mango in den Mixtopf geben, **8 Min. / 90°C / Stufe 2** kochen.
- Die Banane in Stücken zugeben und **10 Sek. / Stufe 7** unterrühren.

- Je nach Alter und Vorliebe des Kindes können Sie die Früchte auch kleingeschnitten oder mit einer Gabel zerdrückt vor dem Füttern dazugeben.

Schneller Milchbrei mit Babykeks

Zutaten für 1 Portion

200 g   Milch
20 g   Babykekse (ohne Zucker)
30 g   Banane

Zubereitung

- Milch und Kekse in den Mixtopf geben, **3:30 Min. / 90°C / Stufe 2** kochen.
- Banane hinzugeben und **5 Sek. / Stufe 5** unterrühren.

- Wenn der Brei sehr fein püriert sein soll, dann **10 Sek. / Stufe 8** pürieren.

Raum für ihre Notizen

Raum für ihre Notizen